Contents

MW01204128

Weekly Units

Extension Activities

y as /ee/

On this page, the ‹y› at the end of each word makes an /ee/ sound.

jolly   daisy   muddy   jelly

story   funny   daddy   spotty

Read the words in the logs. Match each word to the right picture.

sunny

body

puppy

teddy

sandy

holly

Handwriting

Write inside the outline letters and match the capital letters to the lower-case letters.

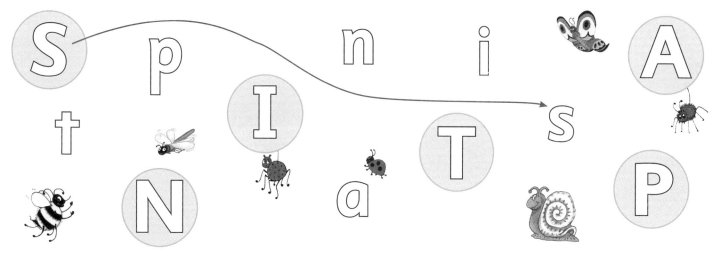

Write the capital letter for each of these lower-case letters.

you **Tricky Words** **your**

Look Find the tricky bit.	**Copy** then **Cover**	**Write** then **Check**	**Have another go!**
you	you		
your	your		

Words and Sentences

the hen

_____

_____

_____

_____

4

Unit 2

 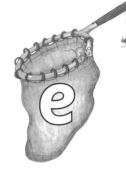   

bag   net   bin   box   mug

Identify the short vowel and write the word. Color the pictures.

a e i o u

b o x

a e i o u

_ _ _

a e i o u

_ _ _ _

a e i o u

_ _ _ _

a e i o u

_ _ _ _

a e i o u

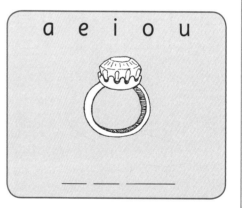

_ _ _ _

a e i o u

_ _ _

a e i o u

_ _ _ _

a e i o u

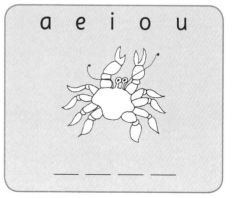

_ _ _ _

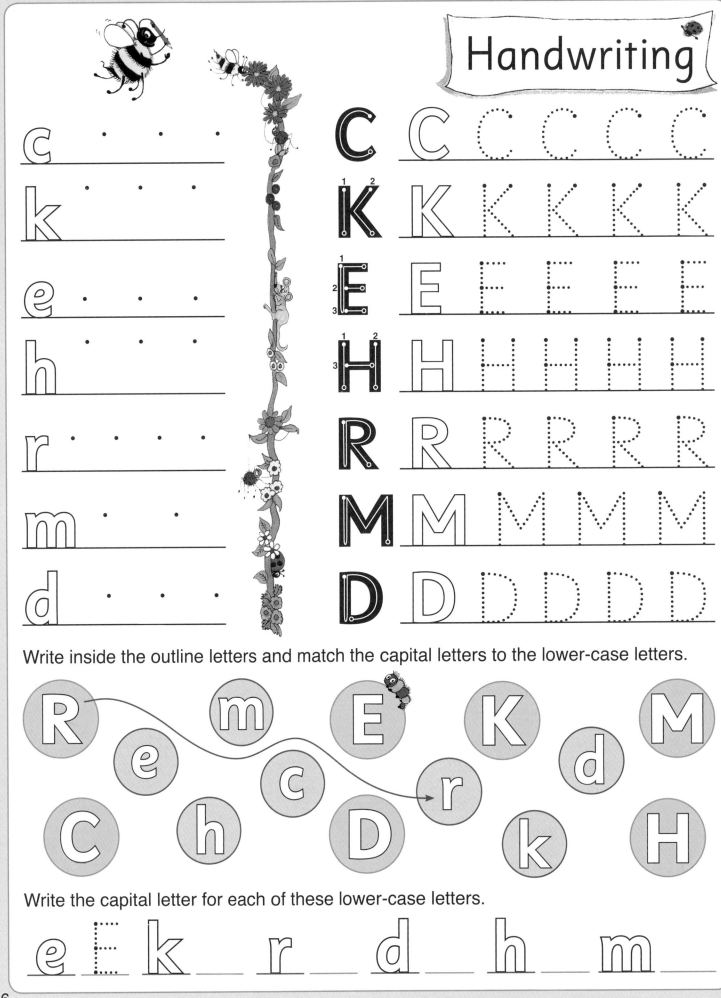

c

k

e

h

r

m

d

C C C C C C C

K K K K K K K

E E E E E E E

H H H H H H H

R R R R R R R

M M M M M M M

D D D D D D D

Write inside the outline letters and match the capital letters to the lower-case letters.

R   m   E   K   M

e   c   r   d

C   h   D   k   H

Write the capital letter for each of these lower-case letters.

e E   k   r   d   h   m

6

come

Tricky Words

some

Look Find the tricky bit.	**Copy** then **Cover**	**Write** then **Check**	**Have another go!**
come	come		
some	some		

Words and Sentences

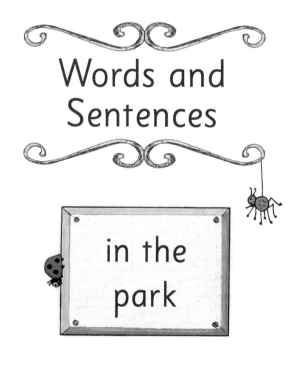

in the park

_____

_____

_____

Unit 3

ck

In words containing a short vowel sound, the /ck/ sound is written with a ‹c› and a ‹k›.

| luck | check | sack | peck | truck |

| rock | jacket | tick | kick | clock |

Write over the dotted words and draw a picture for each word in the rockets.

8

g ·   ·   ·
o ·   ·   ·
u ·   ·   ·
l ·   ·   ·
f ·   ·   ·
b ·   ·   ·

G G G G G G
O O O O O O
U U U U U U
L L L L L L
F F F F F F
B B B B B B

Write inside the outline letters and match the capital letters to the lower-case letters.

U   b   G   l   u   L
f   o   B   F   g   O

Write the capital letter for each of these lower-case letters.

u U   g ___   l ___   o ___   b ___   f ___

9

Tricky Words

said

here

there

Look Find the tricky bit.	Copy then Cover	Write then Check	Have another go!
said	said		
here	here		
there	there		

Words and Sentences

on the
pond

_____

_____

_____

_____

Double Letters

When two letters that make the same sound are next to each other, the sound is only said once.

| parrot | egg | bell | add | button |

| kitten | buzz | toffee | doll | miss |

Read the words in the rabbit and draw pictures to match.

rabbit

dress

duck

shell

puppet   carrot

Practice writing ‹j›, ‹J›, and the vowel digraphs below.

j · · · · ·   J J J J J J J

ai   oa   ie   ee   or

Write inside the capital letters and join them to the matching lower-case letters.

Write the capital letter for each of these lower-case letters.

 s   a   c   o   f   j

 # Tricky Words

 they

Look Find the tricky bit.	**Copy** then **Cover**	**Write** then **Check**	**Have another go!**
they	they		

Words and Sentences

the fox

_____

_____

_____

_____

Unit 5

Magic e

The final ‹e› in the spellings below does not say its sound. Instead, it uses its magic to hop back over the consonant and turns the short vowel into a long vowel sound.

 a_e    e_e    i_e    o_e    u_e

Add a magic ‹e› to complete each word. Then color the pictures.

bike

rose

mule

gate

Steve

five

mole

cake

cube

z

w

v

Z Z Z Z Z Z Z

W W W W W W

V V V V V V V

Write inside each outline letter and then write its matching capital or lower-case letter next to it.

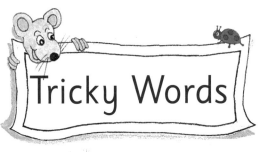

Tricky Words

go **no** **so**

Look Find the tricky bit.	**Copy** then **Cover**	**Write** then **Check**	**Have another go!**
go	go		
no	no		
so	so		

Words and
Sentences

the fish

16

Unit 6

The long vowel sounds /ai/, /ee/, /ie/, /oa/, and /ue/ can also be written ‹a_e›, ‹e_e›, ‹i_e›, ‹o_e›, and ‹u_e›. These spellings have a magic ‹e› and are called "hop-over e" digraphs.

smoke   use   game   eve   mule

hive   these   joke   shave   side

Join each leaf to the right tree.

Pete   bone   smile   plane   cube   nose   skate   rope   kite

Handwriting

Write inside each outline letter and then write its matching capital or lower-case letter next to it.

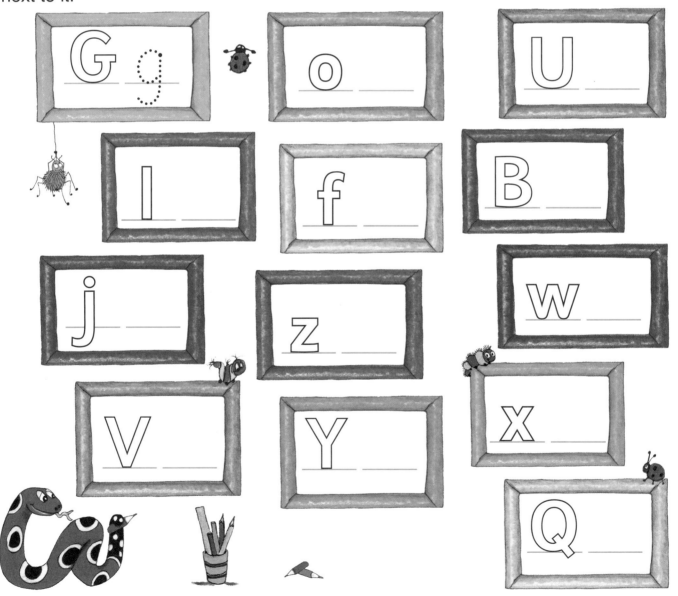

Tricky Words

my one by

Look Find the tricky bit.	Copy then Cover	Write then Check	Have another go!
my	my		
one	one		
by	by		

Words and Sentences

in the dark

Unit 7

Choose the right spelling of the /ai/ sound for each picture.

tr___

sn___l

r___n

ai   ay

h___

spr___

p___nt

Choose the right spelling of the /oi/ sound for each picture.

___l

p___nt

b___

oi   oy

b___l

c___n

t___ box

Write the sections of the alphabet in red, yellow, green, or blue.

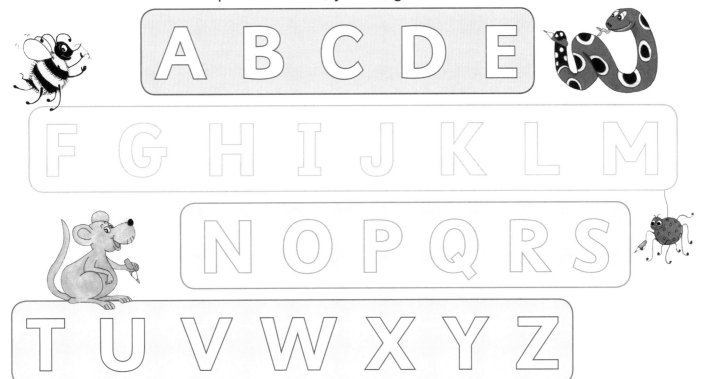

A B C D E

F G H I J K L M

N O P Q R S

T U V W X Y Z

Write the lower-case letter next to each capital letter.

A a B __ C __ D __ E __

F __ G __ H __ I __ J __
K __ L __ M __

N __ O __ P __ Q __ R __ S __

T __ U __ V __ W __
X __ Y __ Z __

only

old

Tricky Words

Look Find the tricky bit.	Copy then Cover	Write then Check	Have another go!
only	only		
old	old		

Words and Sentences

the noisy ducks

_____

_____

_____

_____

Unit 8

ea as /ee/

As well as ‹ee› and ‹e_e›, the /ee/ sound can be written as ‹ea›.

ee

seal   teeth   tea

leaf   feet   sheep

tree   read   sea

ea

Read the words at the top of the page and write the correct word under each picture.

sh ee p   __ __ __ __   __ __ __ __

__ __ __   __ __ __ __   __ __ __ __ __

__ __ __ __   __ __ __ __   __ __ __

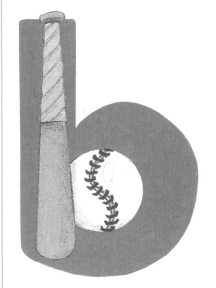

b b
b b
b b
b b

d d
d d
d d
d d

Write the capital letter next to each lower-case letter.

 a A

 b __

c __

d __

 e __

f __

g __

h __

i __

j __

 k __

 l __

m __

like

Tricky Words

have

Look Find the tricky bit.	**Copy** then **Cover**	**Write** then **Check**	**Have another** **go!**
like	like		
have	have		

Words and Sentences

the
queen

_____

_____

_____

_____

y and **igh** as **/ie/**

As well as ‹ie› and ‹i_e›, the /ie/ sound can be written as ‹y› or ‹igh›.

lie	time	my	high
tried	shine	shy	right
cries	drive	try	flight

Read the words in the stars and draw pictures in the moons to match.

Practice writing these letters. Remember to start at the top and go down. Then come straight back up and over.

r r r r r r r · · · · ·

n n n n n n n · · · · ·

m m m m m m m · · · · ·

h h h h h h h · · · · ·

Write the capital letter next to each lower-case letter.

n N   o __

p __

q __   r __   s __

t __   u __   v __   w __

x __   y __   z __

27

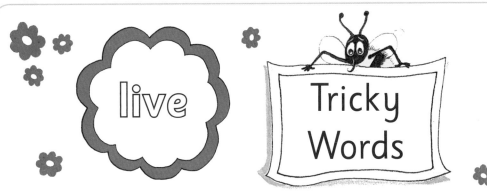

live

Tricky Words

give

Look Find the tricky bit.	**Copy** then **Cover**	**Write** then **Check**	**Have another go!**
live	live		
give	give		

Words and Sentences

digging for gold

_____

_____

_____

_____

28

Unit 10

 ow as /oa/ and /ou/

On this page, the ‹ow› digraph says /oa/ and /ou/.

coat toad oak soap

grow borrow yellow slow

shout south mouse flour

town brown growl flower

Read the words in the picture below and draw a picture for each one.

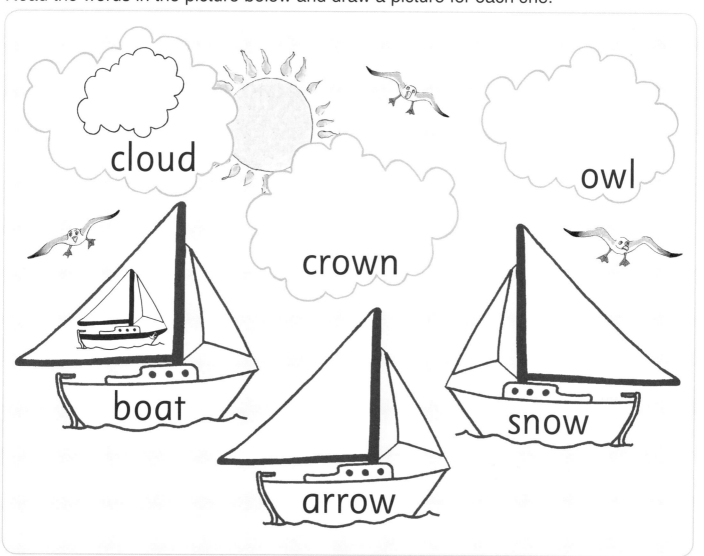

cloud

owl

crown

boat

snow

arrow

Handwriting

Practice writing these caterpillar /c/ letters.

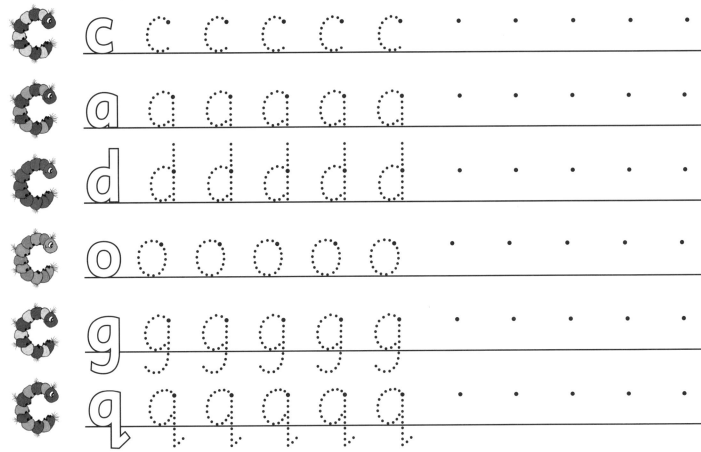

c c c c c c c . . . . . .

a a a a a a a . . . . .

d d d d d d d . . . .

o o o o o o o . . . . .

g g g g g g g . . . .

q q q q q q q . . . . .

Put these letters into alphabetical order.

k w e n

___ ___ ___ ___

Q D Y G

___ ___ ___ ___

Aa Bb Cc Dd Ee Ff Gg Hh Ii Jj Kk Ll Mm
Nn Oo Pp Qq Rr Ss Tt Uu Vv Ww Xx Yy Zz

Tricky Words

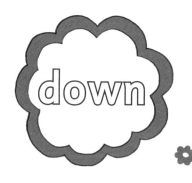

Look Find the tricky bit.	**Copy** then **Cover**	**Write** then **Check**	**Have another go!**
little	little		
down	down		

Words and Sentences

the shark
in the ship

_____

_____

_____

_____

Unit 11

As well as ‹er›, the /er/ sound can be written as ‹ir› or ‹ur›.

ladder	girl	burn	hammer	first

burger	purple	bird	church

Read each word and draw a picture to match.

summer

winter

skirt

shirt

nurse

purse

Practice writing these tall letters.

b b b b b b

d d d d d d

h h h h h h

k k k k k k

l l l l l l

f f f f f f

Complete the alphabet, using the correct color for each section.

___ ___ ___ C ___ E

G ___ ___ I J ___ ___ M

N ___ P ___ ___ ___ S

___ U ___ ___ ___ Y ___

Tricky Words

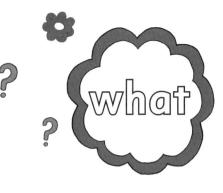
what

when

Look Find the tricky bit.	**Copy** then **Cover**	**Write** then **Check**	**Have another go!**
what	what		
when	when		

Words and
Sentences

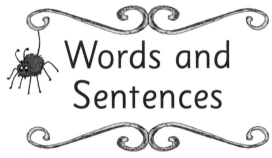
fixing
the car

_____

_____

_____

Unit 12

ew as /ue/

As well as ‹ue› and ‹u_e›, the /ue/ sound can be written as ‹ew›.

 ewe · pew · skewer

 cube · perfume · mule

ue · rescue · cue · statue

Read the words at the top of the page and write the correct word under each picture.

ewe

_ _ _

_ _ _

_ _ _

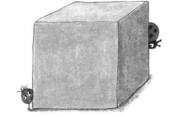

_ _ _

_ _ _

_ _ _

_ _ _

_ _ _

Handwriting

Practice writing these letters, which have tails that go under the line.

g g g g g g

j j j j j j

p p p p p p

q q q q q q

y y y y y y

Complete the alphabet, using the correct color for each section.

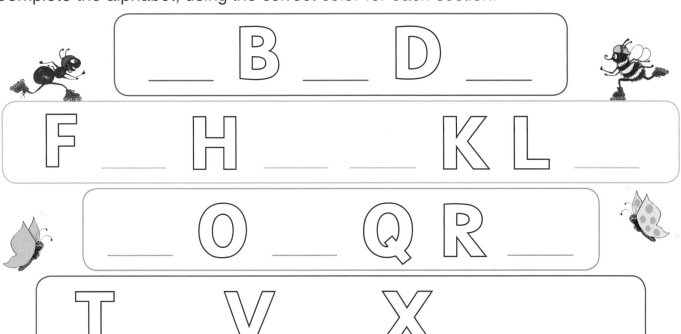

__ __ B __ D __

F __ __ H __ __ K L __

__ __ O __ Q R __

T __ __ V __ X __ __

36

Look Find the tricky bit.	Copy then Cover	Write then Check	Have another go!
why	why		
where	where		

Words and Sentences

the

statue

_____

_____

_____

_____

Unit 13

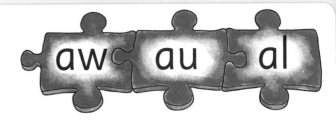

The /o/ sound can also be written as ‹aw›, ‹au›, or ‹al›. Match the words and pictures in the jigsaw pieces. Then color the pictures.

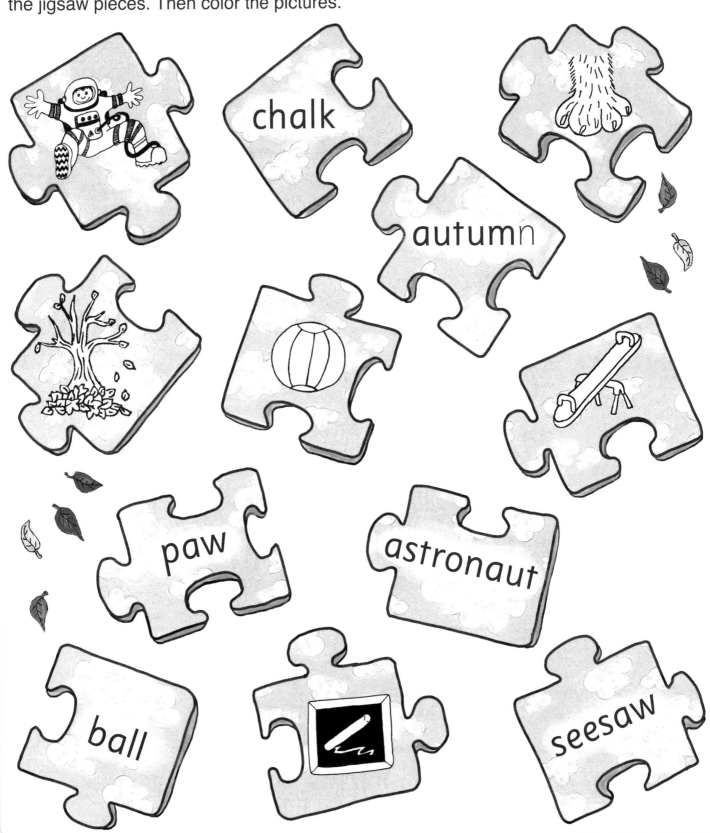

chalk

autumn

paw

astronaut

ball

seesaw

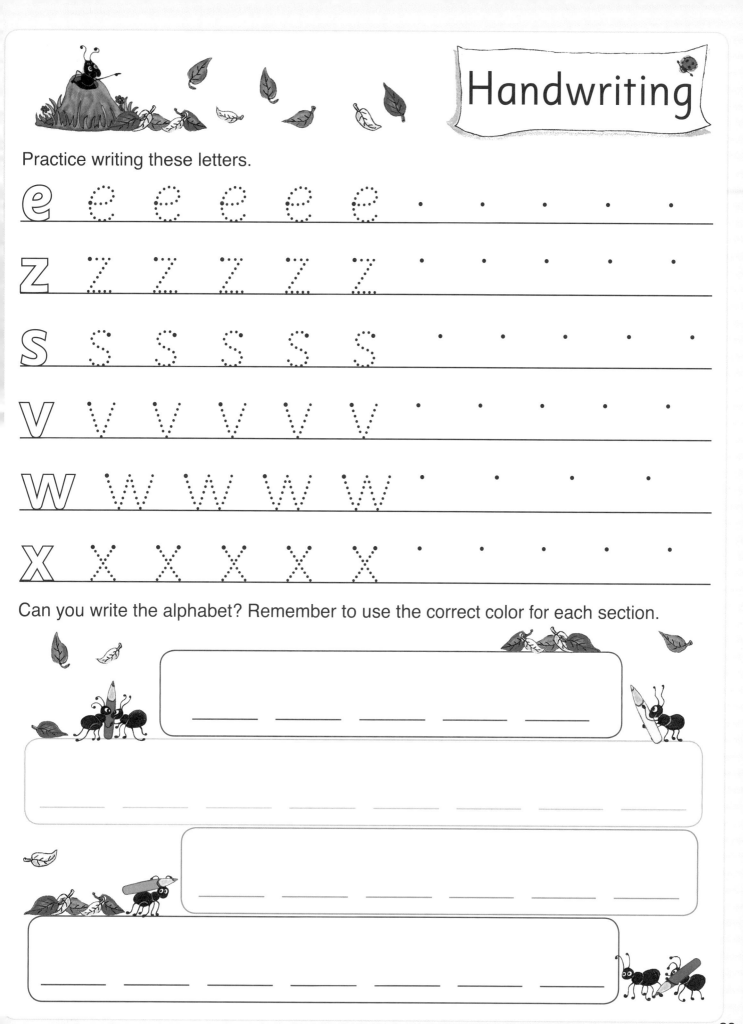

Handwriting

Practice writing these letters.

e e e e e e

z z z z z z

s s s s s s

v v v v v v

w w w w w w

x x x x x x

Can you write the alphabet? Remember to use the correct color for each section.

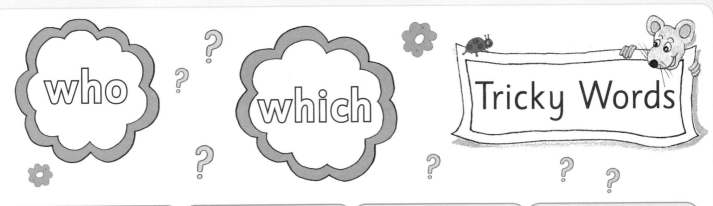

who ? which ? Tricky Words

Look Find the tricky bit.	Copy then Cover	Write then Check	Have another go!
who	who		
which	which		

Words and Sentences

having
a picnic

_____

_____

_____

_____

Alternatives

Unit 2 Write inside the vowel letters using a blue pen or pencil. Then look at the grid and color the squares with a short vowel in blue.

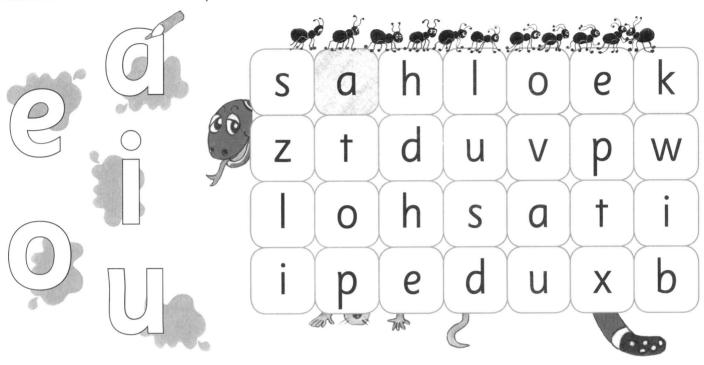

Unit 6 Choose the right word and write it underneath the picture.

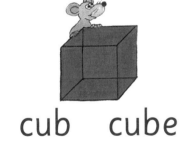

cub   cube

fin   fine

hop   hope

_____

pet   Pete

_____

hat   hate

_____

plan   plane

_____

41

Words and Sentences / Tricky Words

Units 1 and 2   Join each word to the right picture.

chick   hen   nest   egg

dog   tree   swing   picnic

Unit 4   Read the tricky words. Can you find them hidden below?

you

your

said

there

a c o m e b o s

s a i d d t p f

o q p a y o u m

h e r e c d x z

q u m t h e r e

y o u r f h o u

k s j x t h e y

c z s o m e r w

here

some

they

come

Words and Sentences / Tricky Words

Units 3 and 4   Join each word to the right picture.

toad   boat   duckling   rocks

red   tail   fox   bat

Unit 8   Read the tricky words. Can you find them hidden below?

Words and Sentences / Tricky Words

Units 5 and 6 Join each word to the right picture.

starfish

flatfish

eel

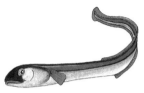
catfish

star

moon

moth

sleeping

Unit 13 Read the tricky words. Can you find them hidden below?

live · give · when · little · down · what · why · who · where · which

w	h	y	b	d	o	w	n
k	z	l	i	t	t	l	e
g	i	v	e	r	w	h	o
x	j	w	h	e	r	e	a
m	a	c	l	i	v	e	u
v	o	f	w	h	e	n	e
q	w	h	a	t	y	p	c
r	m	w	h	i	c	h	l

44

Words and Sentences / Alternatives

Join each word to the right picture.

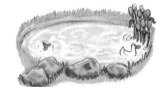

frog   insects   duck   pond

Animal anagrams: put the letters in the right order.

n s ai l

s n a i l

p y u pp

_ _ _ _ _ _

k n s a_e

_ _ _ _ _ _

Join each word to the right picture.

cloak   king   dress   queen

Animal anagrams: put the letters in the right order.

l s ea

_ _ _ _

ck i ch

_ _ _ _ _

k ar sh

_ _ _ _ _

Words and Sentences / Alternatives

Unit 9 Join each word to the right picture.

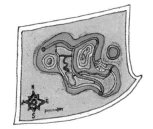

south   digging   map   sand

Animal anagrams: put the letters in the right order.

u
d
ck

_ _ _ _

l
y
f

_ _ _

ee
p
sh

_ _ _ _

Unit 10 Join each word to the right picture.

shark   lobster   shells   crab

Animal anagrams: put the letters in the right order.

r
ow
c

_ _ _ _

l
m
o_e

_ _ _ _

g
t
oa

_ _ _ _

Words and Sentences / Alternatives

Unit 11   Join each word to the right picture.

bus   van   jeep   car

Animal anagrams: put the letters in the right order.

ir
d
b

_____

ow
c

_____

o
er
tt

_____

Unit 12   Join each word to the right picture.

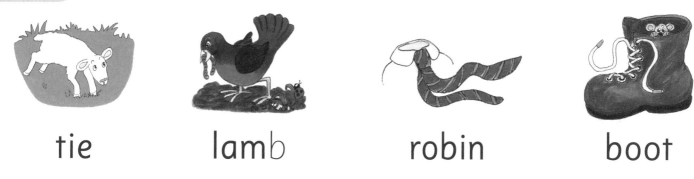

tie   lamb   robin   boot

Animal anagrams: put the letters in the right order.

l
ow

_____

l
m
u_e

_____

k
a
y

_____

Words and Sentences / Alternatives / Handwriting

Unit 13 Join each word to the right picture.

fork   woods   jam   chicken

Animal anagrams: put the letters in the right order.

 k h aw

_____

 c e a p ck o

_____

 t k or s

_____

Units 1 to 13 Say the alphabet. Point to each letter as you say it.

Aa Bb Cc Dd Ee

Ff Gg Hh Ii Jj
Kk Ll Mm

Nn Oo Pp Qq Rr Ss

Tt Uu Vv Ww
Xx Yy Zz